Livre de bord
d'un projet de couture

Information

NOM

ADRESSE

ADRESSE ÉLECTRONIQUE

SITE WEB

TÉLÉPHONE   FAX

PERSONNE À CONTACTER EN CAS D'URGENCE

TÉLÉPHONE   FAX

AF482957

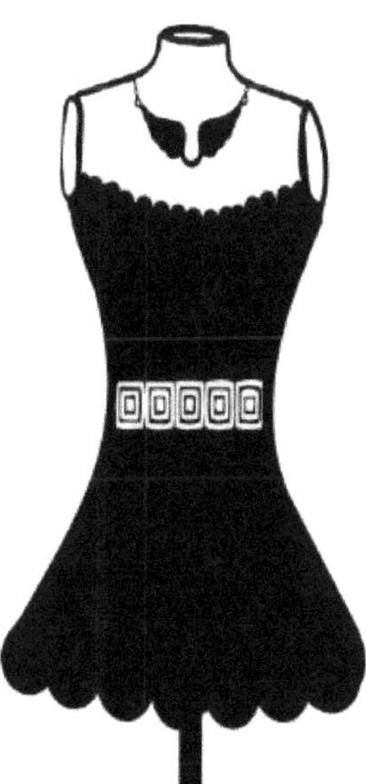

Carnet de couture pour garder une trace des projets de couture - cadeau idéal pour les amoureux de la couture

Livre de bord
d'un projet de couture

DÉTAILS

PROJET ....

CRÉÉ POUR ....

DATE DE DÉBUT .... **DATE D'ACHÈVEMENT** ....

POINT .... **QUANTITÉ** ....

PRIX .... **DÉPÔT PAYÉ** .... **DÉPÔT PAYÉ** ....

MOTIF UTILISÉ ....

**FOURNITURES
NÉCESSAIRES** ....

CROQUIS / PHOTO

NOTES COMPLÉMENTAIRES

Carnet de couture pour garder une trace des projets de couture - cadeau idéal pour les amoureux de la couture

Carnet de couture pour garder une trace des projets de couture - cadeau idéal pour les amoureux de la couture

DÉTAILS

PROJET ....

CRÉÉ POUR ....

DATE DE DÉBUT .... **DATE D'ACHÈVEMENT** ....

POINT .... **QUANTITÉ** ....

PRIX .... **DÉPÔT PAYÉ** .... **DÉPÔT PAYÉ** ....

MOTIF UTILISÉ ....

FOURNITURES NÉCESSAIRES ....

CROQUIS / PHOTO

NOTES COMPLÉMENTAIRES

....
....
....
....
....
....
....
....

Livre de bord
d'un projet de couture

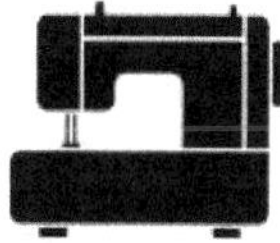

Livre de bord
d'un projet de couture

DÉTAILS

PROJET ....

CRÉÉ POUR ....

DATE DE DÉBUT .... DATE D'ACHÈVEMENT ....

POINT .... QUANTITÉ ....

PRIX .... DÉPÔT PAYÉ .... DÉPÔT PAYÉ ....

MOTIF UTILISÉ ....

FOURNITURES
NÉCESSAIRES ....

CROQUIS / PHOTO

NOTES COMPLÉMENTAIRES

Carnet de couture pour garder une trace des projets de couture - cadeau idéal pour les amoureux de la couture

Carnet de couture pour garder une trace des projets de couture – cadeau idéal pour les amoureux de la couture

DÉTAILS

PROJET ....

CRÉÉ POUR ....

DATE DE DÉBUT .... **DATE D'ACHÈVEMENT** ....

POINT .... **QUANTITÉ** ....

PRIX .... **DÉPÔT PAYÉ** .... **DÉPÔT PAYÉ** ....

MOTIF UTILISÉ ....

FOURNITURES NÉCESSAIRES ....

CROQUIS / PHOTO

NOTES COMPLÉMENTAIRES

....
....
....
....
....
....
....
....

Livre de bord
d'un projet de couture

Livre de bord
d'un projet de couture

DÉTAILS

PROJET ....

CRÉÉ POUR ....

DATE DE DÉBUT .... DATE D'ACHÈVEMENT ....

POINT .... QUANTITÉ ....

PRIX .... DÉPÔT PAYÉ .... DÉPÔT PAYÉ ....

MOTIF UTILISÉ ....

FOURNITURES NÉCESSAIRES ....

CROQUIS / PHOTO

NOTES COMPLÉMENTAIRES

....
....
....
....
....
....
....

Carnet de couture pour garder une trace des projets de couture - cadeau idéal pour les amoureux de la couture

Carnet de couture pour garder une trace des projets de couture - cadeau idéal pour les amoureux de la couture

DÉTAILS

PROJET ....

CRÉÉ POUR ....

DATE DE DÉBUT .... **DATE D'ACHÈVEMENT** ....

POINT .... **QUANTITÉ** ....

PRIX .... **DÉPÔT PAYÉ** .... **DÉPÔT PAYÉ** ....

MOTIF UTILISÉ ....

FOURNITURES NÉCESSAIRES ....

CROQUIS / PHOTO

NOTES COMPLÉMENTAIRES

....
....
....
....
....
....
....
....

Livre de bord
d'un projet de couture

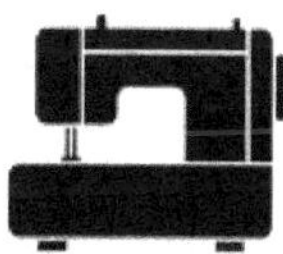

Livre de bord d'un projet de couture

DÉTAILS

PROJET ....

CRÉÉ POUR ....

DATE DE DÉBUT .... **DATE D'ACHÈVEMENT** ....

POINT .... **QUANTITÉ** ....

PRIX .... **DÉPÔT PAYÉ** .... **DÉPÔT PAYÉ** ....

MOTIF UTILISÉ ....

FOURNITURES NÉCESSAIRES ....

CROQUIS / PHOTO

NOTES COMPLÉMENTAIRES

Carnet de couture pour garder une trace des projets de couture - cadeau idéal pour les amoureux de la couture

Carnet de couture pour garder une trace des projets de couture - cadeau idéal pour les amoureux de la couture

DÉTAILS

PROJET ....

CRÉÉ POUR ....

DATE DE DÉBUT .... **DATE D'ACHÈVEMENT** ....

POINT .... **QUANTITÉ** ....

PRIX .... **DÉPÔT PAYÉ** .... **DÉPÔT PAYÉ** ....

MOTIF UTILISÉ ....

FOURNITURES NÉCESSAIRES ....

CROQUIS / PHOTO

NOTES COMPLÉMENTAIRES

....
....
....
....
....
....
....
....

Livre de bord
d'un projet de couture

Livre de bord d'un projet de couture

PROJET ....

CRÉÉ POUR ....

DATE DE DÉBUT .... **DATE D'ACHÈVEMENT** ....

POINT .... **QUANTITÉ** ....

PRIX .... **DÉPÔT PAYÉ** .... **DÉPÔT PAYÉ** ....

MOTIF UTILISÉ ....

FOURNITURES NÉCESSAIRES ....

Carnet de couture pour garder une trace des projets de couture - cadeau idéal pour les amoureux de la couture

Carnet de couture pour garder une trace des projets de couture - cadeau idéal pour les amoureux de la couture

DÉTAILS

PROJET ....

CRÉÉ POUR ....

DATE DE DÉBUT .... **DATE D'ACHÈVEMENT** ....

POINT .... **QUANTITÉ** ....

PRIX .... **DÉPÔT PAYÉ** .... **DÉPÔT PAYÉ** ....

MOTIF UTILISÉ ....

FOURNITURES NÉCESSAIRES ....

CROQUIS / PHOTO

NOTES COMPLÉMENTAIRES

Livre de bord
d'un projet de couture

Livre de bord
d'un projet de couture

DÉTAILS

PROJET ....

CRÉÉ POUR ....

DATE DE DÉBUT .... **DATE D'ACHÈVEMENT** ....

POINT .... **QUANTITÉ** ....

PRIX .... **DÉPÔT PAYÉ** .... **DÉPÔT PAYÉ** ....

MOTIF UTILISÉ ....

FOURNITURES NÉCESSAIRES ....

CROQUIS / PHOTO

NOTES COMPLÉMENTAIRES

Carnet de couture pour garder une trace des projets de couture - cadeau idéal pour les amoureux de la couture

Carnet de couture pour garder une trace des projets de couture - cadeau idéal pour les amoureux de la couture

DÉTAILS

PROJET ....

CRÉÉ POUR ....

DATE DE DÉBUT .... **DATE D'ACHÈVEMENT** ....

POINT .... **QUANTITÉ** ....

PRIX .... **DÉPÔT PAYÉ** .... **DÉPÔT PAYÉ** ....

MOTIF UTILISÉ ....

FOURNITURES NÉCESSAIRES ....

CROQUIS / PHOTO

NOTES COMPLÉMENTAIRES

....
....
....
....
....
....
....
....

Livre de bord
d'un projet de couture

Livre de bord
d'un projet de couture

DÉTAILS

PROJET ....

CRÉÉ POUR ....

DATE DE DÉBUT .... DATE D'ACHÈVEMENT ....

POINT .... QUANTITÉ ....

PRIX .... DÉPÔT PAYÉ .... DÉPÔT PAYÉ ....

MOTIF UTILISÉ ....

FOURNITURES NÉCESSAIRES ....

CROQUIS / PHOTO

NOTES COMPLÉMENTAIRES

Carnet de couture pour garder une trace des projets de couture - cadeau idéal pour les amoureux de la couture

Carnet de couture pour garder une trace des projets de couture - cadeau idéal pour les amoureux de la couture

DÉTAILS

PROJET ....

CRÉÉ POUR ....

DATE DE DÉBUT .... **DATE D'ACHÈVEMENT** ....

POINT .... **QUANTITÉ** ....

PRIX .... **DÉPÔT PAYÉ** .... **DÉPÔT PAYÉ** ....

MOTIF UTILISÉ ....

FOURNITURES NÉCESSAIRES ....

CROQUIS / PHOTO

NOTES COMPLÉMENTAIRES

....
....
....
....
....
....
....
....

Livre de bord
d'un projet de couture

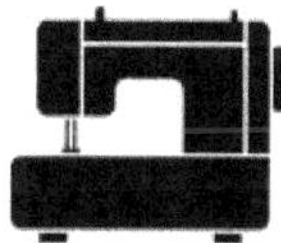

Livre de bord
d'un projet de couture

DÉTAILS

PROJET ....

CRÉÉ POUR ....

DATE DE DÉBUT .... DATE D'ACHÈVEMENT ....

POINT .... QUANTITÉ ....

PRIX .... DÉPÔT PAYÉ .... DÉPÔT PAYÉ ....

MOTIF UTILISÉ ....

FOURNITURES
NÉCESSAIRES ....

CROQUIS / PHOTO

NOTES COMPLÉMENTAIRES

....
....
....
....
....
....
....

Carnet de couture pour garder une trace des projets de couture - cadeau idéal pour les amoureux de la couture

Carnet de couture pour garder une trace des projets de couture - cadeau idéal pour les amoureux de la couture

DÉTAILS

PROJET ....

CRÉÉ POUR ....

DATE DE DÉBUT .... DATE D'ACHÈVEMENT ....

POINT .... QUANTITÉ ....

PRIX .... DÉPÔT PAYÉ .... DÉPÔT PAYÉ ....

MOTIF UTILISÉ ....

FOURNITURES
NÉCESSAIRES ....

CROQUIS / PHOTO

NOTES COMPLÉMENTAIRES

....
....
....
....
....
....
....

Livre de bord
d'un projet de couture

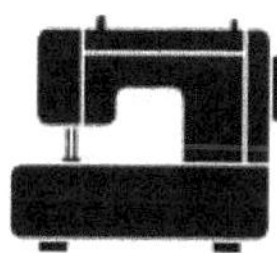

Livre de bord
d'un projet de couture

DÉTAILS

PROJET ....

CRÉÉ POUR ....

DATE DE DÉBUT .... **DATE D'ACHÈVEMENT** ....

POINT .... **QUANTITÉ** ....

PRIX .... **DÉPÔT PAYÉ** .... **DÉPÔT PAYÉ** ....

MOTIF UTILISÉ ....

FOURNITURES NÉCESSAIRES ....

CROQUIS / PHOTO

NOTES COMPLÉMENTAIRES

Carnet de couture pour garder une trace des projets de couture - cadeau idéal pour les amoureux de la couture

DÉTAILS

PROJET ....

CRÉÉ POUR ....

DATE DE DÉBUT .... **DATE D'ACHÈVEMENT** ....

POINT .... **QUANTITÉ** ....

PRIX .... **DÉPÔT PAYÉ** .... **DÉPÔT PAYÉ** ....

MOTIF UTILISÉ ....

FOURNITURES NÉCESSAIRES ....

CROQUIS / PHOTO

NOTES COMPLÉMENTAIRES

....
....
....
....
....
....
....
....

Livre de bord
d'un projet de couture

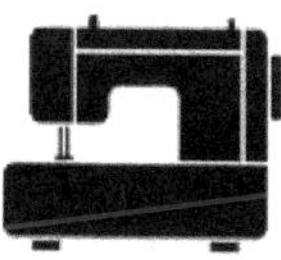

Livre de bord
d'un projet de couture

DÉTAILS

PROJET ....

CRÉÉ POUR ....

DATE DE DÉBUT .... DATE D'ACHÈVEMENT ....

POINT .... QUANTITÉ ....

PRIX .... DÉPÔT PAYÉ .... DÉPÔT PAYÉ ....

MOTIF UTILISÉ ....

FOURNITURES
NÉCESSAIRES ....

CROQUIS / PHOTO

NOTES COMPLÉMENTAIRES

....
....
....
....
....
....
....

Carnet de couture pour garder une trace des projets de couture -
cadeau idéal pour les amoureux de la couture

Carnet de couture pour garder une trace des projets de couture - cadeau idéal pour les amoureux de la couture

DÉTAILS

PROJET ....

CRÉÉ POUR ....

DATE DE DÉBUT .... **DATE D'ACHÈVEMENT** ....

POINT .... **QUANTITÉ** ....

PRIX .... **DÉPÔT PAYÉ** .... **DÉPÔT PAYÉ** ....

MOTIF UTILISÉ ....

FOURNITURES NÉCESSAIRES ....

CROQUIS / PHOTO

NOTES COMPLÉMENTAIRES

Livre de bord
d'un projet de couture

Livre de bord d'un projet de couture

DÉTAILS

PROJET ....

CRÉÉ POUR ....

DATE DE DÉBUT .... DATE D'ACHÈVEMENT ....

POINT .... QUANTITÉ ....

PRIX .... DÉPÔT PAYÉ .... DÉPÔT PAYÉ ....

MOTIF UTILISÉ ....

FOURNITURES NÉCESSAIRES ....

CROQUIS / PHOTO

NOTES COMPLÉMENTAIRES

....

....

....

....

....

....

....

Carnet de couture pour garder une trace des projets de couture - cadeau idéal pour les amoureux de la couture

Carnet de couture pour garder une trace des projets de couture - cadeau idéal pour les amoureux de la couture

DÉTAILS

PROJET ....

CRÉÉ POUR ....

DATE DE DÉBUT .... DATE D'ACHÈVEMENT ....

POINT .... QUANTITÉ ....

PRIX .... DÉPÔT PAYÉ .... DÉPÔT PAYÉ ....

MOTIF UTILISÉ ....

FOURNITURES NÉCESSAIRES ....

CROQUIS / PHOTO

NOTES COMPLÉMENTAIRES

....
....
....
....
....
....
....
....
....

Livre de bord
d'un projet de couture

Livre de bord d'un projet de couture

DÉTAILS

PROJET ....

CRÉÉ POUR ....

DATE DE DÉBUT .... DATE D'ACHÈVEMENT ....

POINT .... QUANTITÉ ....

PRIX .... DÉPÔT PAYÉ .... DÉPÔT PAYÉ ....

MOTIF UTILISÉ ....

FOURNITURES
NÉCESSAIRES ....

CROQUIS / PHOTO

NOTES COMPLÉMENTAIRES

Carnet de couture pour garder une trace des projets de couture - cadeau idéal pour les amoureux de la couture

Carnet de couture pour garder une trace des projets de couture - cadeau idéal pour les amoureux de la couture

DÉTAILS

PROJET ....

CRÉÉ POUR ....

DATE DE DÉBUT .... **DATE D'ACHÈVEMENT** ....

POINT .... **QUANTITÉ** ....

PRIX .... **DÉPÔT PAYÉ** .... **DÉPÔT PAYÉ** ....

MOTIF UTILISÉ ....

FOURNITURES NÉCESSAIRES ....

CROQUIS / PHOTO

NOTES COMPLÉMENTAIRES

Livre de bord
d'un projet de couture

Livre de bord
d'un projet de couture

DÉTAILS

PROJET ....

CRÉÉ POUR ....

DATE DE DÉBUT .... **DATE D'ACHÈVEMENT** ....

POINT .... **QUANTITÉ** ....

PRIX .... **DÉPÔT PAYÉ** .... **DÉPÔT PAYÉ** ....

MOTIF UTILISÉ ....

FOURNITURES NÉCESSAIRES ....

CROQUIS / PHOTO

NOTES COMPLÉMENTAIRES

Carnet de couture pour garder une trace des projets de couture -
cadeau idéal pour les amoureux de la couture

Carnet de couture pour garder une trace des projets de couture - cadeau idéal pour les amoureux de la couture

DÉTAILS

PROJET ....

CRÉÉ POUR ....

DATE DE DÉBUT .... DATE D'ACHÈVEMENT ....

POINT .... QUANTITÉ ....

PRIX .... DÉPÔT PAYÉ .... DÉPÔT PAYÉ ....

MOTIF UTILISÉ ....

FOURNITURES NÉCESSAIRES ....

CROQUIS / PHOTO

NOTES COMPLÉMENTAIRES

....
....
....
....
....
....
....
....

Livre de bord
d'un projet de couture

Livre de bord d'un projet de couture

DÉTAILS

PROJET ....

CRÉÉ POUR ....

DATE DE DÉBUT .... **DATE D'ACHÈVEMENT** ....

POINT .... **QUANTITÉ** ....

PRIX .... **DÉPÔT PAYÉ** .... **DÉPÔT PAYÉ** ....

MOTIF UTILISÉ ....

FOURNITURES NÉCESSAIRES ....

CROQUIS / PHOTO

NOTES COMPLÉMENTAIRES

Carnet de couture pour garder une trace des projets de couture - cadeau idéal pour les amoureux de la couture

Carnet de couture pour garder une trace des projets de couture - cadeau idéal pour les amoureux de la couture

DÉTAILS

PROJET ....

CRÉÉ POUR ....

DATE DE DÉBUT .... **DATE D'ACHÈVEMENT** ....

POINT .... **QUANTITÉ** ....

PRIX .... **DÉPÔT PAYÉ** .... **DÉPÔT PAYÉ** ....

MOTIF UTILISÉ ....

FOURNITURES NÉCESSAIRES ....

CROQUIS / PHOTO

NOTES COMPLÉMENTAIRES

Livre de bord
d'un projet de couture

Livre de bord d'un projet de couture

DÉTAILS

PROJET ....

CRÉÉ POUR ....

DATE DE DÉBUT .... DATE D'ACHÈVEMENT ....

POINT .... QUANTITÉ ....

PRIX .... DÉPÔT PAYÉ .... DÉPÔT PAYÉ ....

MOTIF UTILISÉ ....

FOURNITURES NÉCESSAIRES ....

CROQUIS / PHOTO

NOTES COMPLÉMENTAIRES

Carnet de couture pour garder une trace des projets de couture - cadeau idéal pour les amoureux de la couture

Carnet de couture pour garder une trace des projets de couture - cadeau idéal pour les amoureux de la couture

DÉTAILS

PROJET ....

CRÉÉ POUR ....

DATE DE DÉBUT .... **DATE D'ACHÈVEMENT** ....

POINT .... **QUANTITÉ** ....

PRIX .... **DÉPÔT PAYÉ** .... **DÉPÔT PAYÉ** ....

MOTIF UTILISÉ ....

FOURNITURES NÉCESSAIRES ....

CROQUIS / PHOTO

NOTES COMPLÉMENTAIRES

....
....
....
....
....
....
....
....

Livre de bord
d'un projet de couture

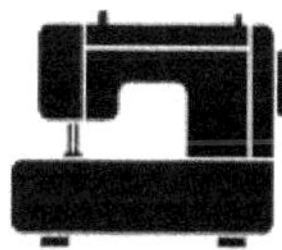

Livre de bord
d'un projet de couture

DÉTAILS

PROJET ....

CRÉÉ POUR ....

DATE DE DÉBUT .... **DATE D'ACHÈVEMENT** ....

POINT .... **QUANTITÉ** ....

PRIX .... **DÉPÔT PAYÉ** .... **DÉPÔT PAYÉ** ....

MOTIF UTILISÉ ....

FOURNITURES NÉCESSAIRES ....

CROQUIS / PHOTO

NOTES COMPLÉMENTAIRES

....
....
....
....
....
....
....
....

Carnet de couture pour garder une trace des projets de couture - cadeau idéal pour les amoureux de la couture

Carnet de couture pour garder une trace des projets de couture - cadeau idéal pour les amoureux de la couture

DÉTAILS

PROJET ....

CRÉÉ POUR ....

DATE DE DÉBUT .... DATE D'ACHÈVEMENT ....

POINT .... QUANTITÉ ....

PRIX .... DÉPÔT PAYÉ .... DÉPÔT PAYÉ ....

MOTIF UTILISÉ ....

FOURNITURES NÉCESSAIRES ....

CROQUIS / PHOTO

NOTES COMPLÉMENTAIRES

....
....
....
....
....
....
....
....

Livre de bord
d'un projet de couture

Livre de bord d'un projet de couture

DÉTAILS

PROJET ....

CRÉÉ POUR ....

DATE DE DÉBUT .... DATE D'ACHÈVEMENT ....

POINT .... QUANTITÉ ....

PRIX .... DÉPÔT PAYÉ .... DÉPÔT PAYÉ ....

MOTIF UTILISÉ ....

FOURNITURES NÉCESSAIRES ....

CROQUIS / PHOTO

NOTES COMPLÉMENTAIRES

Carnet de couture pour garder une trace des projets de couture - cadeau idéal pour les amoureux de la couture

Carnet de couture pour garder une trace des projets de couture - cadeau idéal pour les amoureux de la couture

DÉTAILS

PROJET ....

CRÉÉ POUR ....

DATE DE DÉBUT .... **DATE D'ACHÈVEMENT** ....

POINT .... **QUANTITÉ** ....

PRIX .... **DÉPÔT PAYÉ** .... **DÉPÔT PAYÉ** ....

MOTIF UTILISÉ ....

FOURNITURES NÉCESSAIRES ....

CROQUIS / PHOTO

NOTES COMPLÉMENTAIRES

....
....
....
....
....
....
....
....

Livre de bord d'un projet de couture

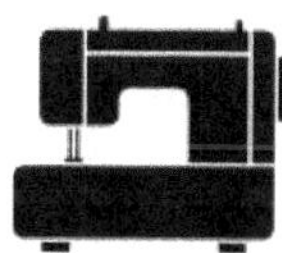

Livre de bord
d'un projet de couture

DÉTAILS

PROJET ....

CRÉÉ POUR ....

DATE DE DÉBUT .... **DATE D'ACHÈVEMENT** ....

POINT .... **QUANTITÉ** ....

PRIX .... **DÉPÔT PAYÉ** .... **DÉPÔT PAYÉ** ....

MOTIF UTILISÉ ....

FOURNITURES NÉCESSAIRES ....

CROQUIS / PHOTO

NOTES COMPLÉMENTAIRES

Carnet de couture pour garder une trace des projets de couture - cadeau idéal pour les amoureux de la couture

Carnet de couture pour garder une trace des projets de couture - cadeau idéal pour les amoureux de la couture

DÉTAILS

PROJET ....

CRÉÉ POUR ....

DATE DE DÉBUT .... **DATE D'ACHÈVEMENT** ....

POINT .... **QUANTITÉ** ....

PRIX .... **DÉPÔT PAYÉ** .... **DÉPÔT PAYÉ** ....

MOTIF UTILISÉ ....

FOURNITURES NÉCESSAIRES ....

CROQUIS / PHOTO

NOTES COMPLÉMENTAIRES

....
....
....
....
....
....
....
....

Livre de bord
d'un projet de couture

Livre de bord d'un projet de couture

DÉTAILS

PROJET ....

CRÉÉ POUR ....

DATE DE DÉBUT .... **DATE D'ACHÈVEMENT** ....

POINT .... **QUANTITÉ** ....

PRIX .... **DÉPÔT PAYÉ** .... **DÉPÔT PAYÉ** ....

MOTIF UTILISÉ ....

FOURNITURES NÉCESSAIRES ....

CROQUIS / PHOTO

NOTES COMPLÉMENTAIRES

Carnet de couture pour garder une trace des projets de couture - cadeau idéal pour les amoureux de la couture

Carnet de couture pour garder une trace des projets de couture - cadeau idéal pour les amoureux de la couture

DÉTAILS

PROJET ....

CRÉÉ POUR ....

DATE DE DÉBUT .... **DATE D'ACHÈVEMENT** ....

POINT .... **QUANTITÉ** ....

PRIX .... **DÉPÔT PAYÉ** .... **DÉPÔT PAYÉ** ....

MOTIF UTILISÉ ....

FOURNITURES NÉCESSAIRES ....

CROQUIS / PHOTO

NOTES COMPLÉMENTAIRES

....
....
....
....
....
....
....
....

Livre de bord
d'un projet de couture

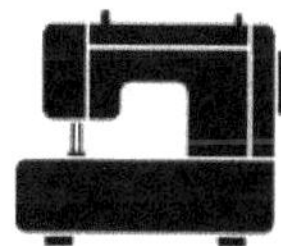

Livre de bord d'un projet de couture

DÉTAILS

PROJET ....

CRÉÉ POUR ....

DATE DE DÉBUT .... **DATE D'ACHÈVEMENT** ....

POINT .... **QUANTITÉ** ....

PRIX .... **DÉPÔT PAYÉ** .... **DÉPÔT PAYÉ** ....

MOTIF UTILISÉ ....

FOURNITURES NÉCESSAIRES ....

CROQUIS / PHOTO

NOTES COMPLÉMENTAIRES

....
....
....
....
....
....
....
....

Carnet de couture pour garder une trace des projets de couture - cadeau idéal pour les amoureux de la couture

Carnet de couture pour garder une trace des projets de couture - cadeau idéal pour les amoureux de la couture

DÉTAILS

PROJET ....

CRÉÉ POUR ....

DATE DE DÉBUT .... **DATE D'ACHÈVEMENT** ....

POINT .... **QUANTITÉ** ....

PRIX .... **DÉPÔT PAYÉ** .... **DÉPÔT PAYÉ** ....

MOTIF UTILISÉ ....

FOURNITURES NÉCESSAIRES ....

CROQUIS / PHOTO

NOTES COMPLÉMENTAIRES

....
....
....
....
....
....
....
....

Livre de bord
d'un projet de couture

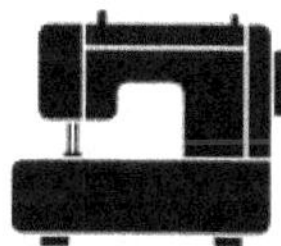

Livre de bord d'un projet de couture

DÉTAILS

PROJET ....

CRÉÉ POUR ....

DATE DE DÉBUT .... **DATE D'ACHÈVEMENT** ....

POINT .... **QUANTITÉ** ....

PRIX .... **DÉPÔT PAYÉ** .... **DÉPÔT PAYÉ** ....

MOTIF UTILISÉ ....

FOURNITURES NÉCESSAIRES ....

CROQUIS / PHOTO

NOTES COMPLÉMENTAIRES

....
....
....
....
....
....
....
....

Carnet de couture pour garder une trace des projets de couture - cadeau idéal pour les amoureux de la couture

Carnet de couture pour garder une trace des projets de couture - cadeau idéal pour les amoureux de la couture

DÉTAILS

PROJET ....

CRÉÉ POUR ....

DATE DE DÉBUT .... **DATE D'ACHÈVEMENT** ....

POINT .... **QUANTITÉ** ....

PRIX .... **DÉPÔT PAYÉ** .... **DÉPÔT PAYÉ** ....

MOTIF UTILISÉ ....

FOURNITURES NÉCESSAIRES ....

CROQUIS / PHOTO

NOTES COMPLÉMENTAIRES

....
....
....
....
....
....
....
....

Livre de bord
d'un projet de couture

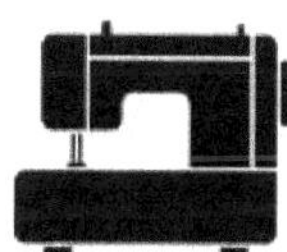

Livre de bord
d'un projet de couture

DÉTAILS

PROJET ....

CRÉÉ POUR ....

DATE DE DÉBUT .... **DATE D'ACHÈVEMENT** ....

POINT .... **QUANTITÉ** ....

PRIX .... **DÉPÔT PAYÉ** .... **DÉPÔT PAYÉ** ....

MOTIF UTILISÉ ....

FOURNITURES NÉCESSAIRES ....

CROQUIS / PHOTO

NOTES COMPLÉMENTAIRES

....

....

....

....

....

....

....

Carnet de couture pour garder une trace des projets de couture -
cadeau idéal pour les amoureux de la couture

Carnet de couture pour garder une trace des projets de couture - cadeau idéal pour les amoureux de la couture

DÉTAILS

PROJET ....

CRÉÉ POUR ....

DATE DE DÉBUT .... **DATE D'ACHÈVEMENT** ....

POINT .... **QUANTITÉ** ....

PRIX .... **DÉPÔT PAYÉ** .... **DÉPÔT PAYÉ** ....

MOTIF UTILISÉ ....

FOURNITURES NÉCESSAIRES ....

CROQUIS / PHOTO

NOTES COMPLÉMENTAIRES

....
....
....
....
....
....
....

Livre de bord
d'un projet de couture

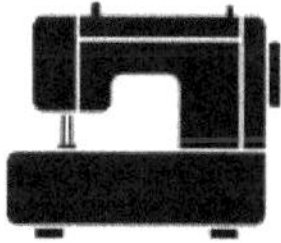

Livre de bord
d'un projet de couture

DÉTAILS

PROJET ....

CRÉÉ POUR ....

DATE DE DÉBUT .... **DATE D'ACHÈVEMENT** ....

POINT .... **QUANTITÉ** ....

PRIX .... **DÉPÔT PAYÉ** .... **DÉPÔT PAYÉ** ....

MOTIF UTILISÉ ....

FOURNITURES NÉCESSAIRES ....

CROQUIS / PHOTO

NOTES COMPLÉMENTAIRES

....
....
....
....
....
....

Carnet de couture pour garder une trace des projets de couture - cadeau idéal pour les amoureux de la couture

DÉTAILS

PROJET ....

CRÉÉ POUR ....

DATE DE DÉBUT .... DATE D'ACHÈVEMENT ....

POINT .... QUANTITÉ ....

PRIX .... DÉPÔT PAYÉ .... DÉPÔT PAYÉ ....

MOTIF UTILISÉ ....

FOURNITURES
NÉCESSAIRES ....

CROQUIS / PHOTO

NOTES COMPLÉMENTAIRES

....
....
....
....
....
....
....

Livre de bord
d'un projet de couture

Livre de bord
d'un projet de couture

DÉTAILS

PROJET ....

CRÉÉ POUR ....

DATE DE DÉBUT .... **DATE D'ACHÈVEMENT** ....

POINT .... **QUANTITÉ** ....

PRIX .... **DÉPÔT PAYÉ** .... **DÉPÔT PAYÉ** ....

MOTIF UTILISÉ ....

FOURNITURES NÉCESSAIRES ....

CROQUIS / PHOTO

NOTES COMPLÉMENTAIRES

Carnet de couture pour garder une trace des projets de couture - cadeau idéal pour les amoureux de la couture

Carnet de couture pour garder une trace des projets de couture - cadeau idéal pour les amoureux de la couture

DÉTAILS

PROJET ....

CRÉÉ POUR ....

DATE DE DÉBUT .... **DATE D'ACHÈVEMENT** ....

POINT .... **QUANTITÉ** ....

PRIX .... **DÉPÔT PAYÉ** .... **DÉPÔT PAYÉ** ....

MOTIF UTILISÉ ....

FOURNITURES NÉCESSAIRES ....

CROQUIS / PHOTO

NOTES COMPLÉMENTAIRES

....
....
....
....
....
....
....
....

Livre de bord
d'un projet de couture

Livre de bord d'un projet de couture

DÉTAILS

PROJET ....

CRÉÉ POUR ....

DATE DE DÉBUT .... DATE D'ACHÈVEMENT ....

POINT .... QUANTITÉ ....

PRIX .... DÉPÔT PAYÉ .... DÉPÔT PAYÉ ....

MOTIF UTILISÉ ....

FOURNITURES NÉCESSAIRES ....

CROQUIS / PHOTO

NOTES COMPLÉMENTAIRES

....
....
....
....
....
....
....

Carnet de couture pour garder une trace des projets de couture - cadeau idéal pour les amoureux de la couture

Carnet de couture pour garder une trace des projets de couture - cadeau idéal pour les amoureux de la couture

DÉTAILS

PROJET ....

CRÉÉ POUR ....

DATE DE DÉBUT .... DATE D'ACHÈVEMENT ....

POINT .... QUANTITÉ ....

PRIX .... DÉPÔT PAYÉ .... DÉPÔT PAYÉ ....

MOTIF UTILISÉ ....

FOURNITURES NÉCESSAIRES ....

CROQUIS / PHOTO

NOTES COMPLÉMENTAIRES

....
....
....
....
....
....
....

Livre de bord
d'un projet de couture

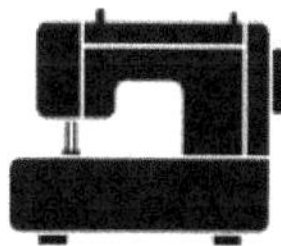

Livre de bord
d'un projet de couture

DÉTAILS

PROJET ....

CRÉÉ POUR ....

DATE DE DÉBUT .... DATE D'ACHÈVEMENT ....

POINT .... QUANTITÉ ....

PRIX .... DÉPÔT PAYÉ .... DÉPÔT PAYÉ ....

MOTIF UTILISÉ ....

FOURNITURES
NÉCESSAIRES ....

CROQUIS / PHOTO

NOTES COMPLÉMENTAIRES

....
....
....
....
....
....
....

Carnet de couture pour garder une trace des projets de couture - cadeau idéal pour les amoureux de la couture

Carnet de couture pour garder une trace des projets de couture -
cadeau idéal pour les amoureux de la couture

DÉTAILS

PROJET ....

CRÉÉ POUR ....

DATE DE DÉBUT .... DATE D'ACHÈVEMENT ....

POINT .... QUANTITÉ ....

PRIX .... DÉPÔT PAYÉ .... DÉPÔT PAYÉ ....

MOTIF UTILISÉ ....

FOURNITURES
NÉCESSAIRES ....

CROQUIS / PHOTO

NOTES COMPLÉMENTAIRES

....
....
....
....
....
....
....
....

Livre de bord
d'un projet de couture

Livre de bord
d'un projet de couture

DÉTAILS

PROJET ....

CRÉÉ POUR ....

DATE DE DÉBUT .... DATE D'ACHÈVEMENT ....

POINT .... QUANTITÉ ....

PRIX .... DÉPÔT PAYÉ .... DÉPÔT PAYÉ ....

MOTIF UTILISÉ ....

FOURNITURES
NÉCESSAIRES ....

CROQUIS / PHOTO

NOTES COMPLÉMENTAIRES

....

....

....

....

....

....

....

Carnet de couture pour garder une trace des projets de couture -
cadeau idéal pour les amoureux de la couture

Carnet de couture pour garder une trace des projets de couture - cadeau idéal pour les amoureux de la couture

DÉTAILS

PROJET ....

CRÉÉ POUR ....

DATE DE DÉBUT .... **DATE D'ACHÈVEMENT** ....

POINT .... **QUANTITÉ** ....

PRIX .... **DÉPÔT PAYÉ** .... **DÉPÔT PAYÉ** ....

MOTIF UTILISÉ ....

FOURNITURES NÉCESSAIRES ....

CROQUIS / PHOTO

NOTES COMPLÉMENTAIRES

....
....
....
....
....
....
....
....
....

Livre de bord
d'un projet de couture

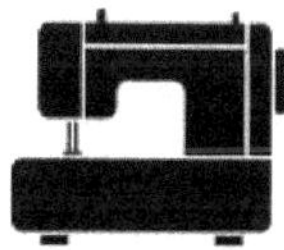

Livre de bord d'un projet de couture

PROJET ....

CRÉÉ POUR ....

DATE DE DÉBUT .... DATE D'ACHÈVEMENT ....

POINT .... QUANTITÉ ....

PRIX .... DÉPÔT PAYÉ .... DÉPÔT PAYÉ ....

MOTIF UTILISÉ ....

FOURNITURES NÉCESSAIRES ....

Carnet de couture pour garder une trace des projets de couture - cadeau idéal pour les amoureux de la couture

Carnet de couture pour garder une trace des projets de couture - cadeau idéal pour les amoureux de la couture

DÉTAILS

PROJET ....

CRÉÉ POUR ....

DATE DE DÉBUT .... DATE D'ACHÈVEMENT ....

POINT .... QUANTITÉ ....

PRIX .... DÉPÔT PAYÉ .... DÉPÔT PAYÉ ....

MOTIF UTILISÉ ....

FOURNITURES
NÉCESSAIRES ....

CROQUIS / PHOTO

NOTES COMPLÉMENTAIRES

....
....
....
....
....
....
....
....

Livre de bord
d'un projet de couture

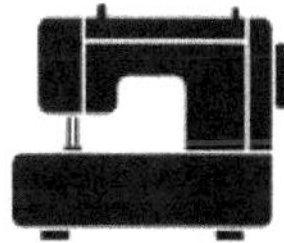

Livre de bord d'un projet de couture

PROJET ....

CRÉÉ POUR ....

DATE DE DÉBUT .... DATE D'ACHÈVEMENT ....

POINT .... QUANTITÉ ....

PRIX .... DÉPÔT PAYÉ .... DÉPÔT PAYÉ ....

MOTIF UTILISÉ ....

FOURNITURES NÉCESSAIRES ....

Carnet de couture pour garder une trace des projets de couture - cadeau idéal pour les amoureux de la couture

Carnet de couture pour garder une trace des projets de couture - cadeau idéal pour les amoureux de la couture

DÉTAILS

PROJET ....

CRÉÉ POUR ....

DATE DE DÉBUT .... DATE D'ACHÈVEMENT ....

POINT .... QUANTITÉ ....

PRIX .... DÉPÔT PAYÉ .... DÉPÔT PAYÉ ....

MOTIF UTILISÉ ....

FOURNITURES NÉCESSAIRES ....

CROQUIS / PHOTO

NOTES COMPLÉMENTAIRES

....
....
....
....
....
....
....
....

Livre de bord
d'un projet de couture

Livre de bord
d'un projet de couture

DÉTAILS

PROJET ....

CRÉÉ POUR ....

DATE DE DÉBUT .... **DATE D'ACHÈVEMENT** ....

POINT .... **QUANTITÉ** ....

PRIX .... **DÉPÔT PAYÉ** .... **DÉPÔT PAYÉ** ....

MOTIF UTILISÉ ....

FOURNITURES NÉCESSAIRES ....

CROQUIS / PHOTO

NOTES COMPLÉMENTAIRES

....
....
....
....
....
....
....

Carnet de couture pour garder une trace des projets de couture - cadeau idéal pour les amoureux de la couture

Carnet de couture pour garder une trace des projets de couture - cadeau idéal pour les amoureux de la couture

DÉTAILS

PROJET ....

CRÉÉ POUR ....

DATE DE DÉBUT .... DATE D'ACHÈVEMENT ....

POINT .... QUANTITÉ ....

PRIX .... DÉPÔT PAYÉ .... DÉPÔT PAYÉ ....

MOTIF UTILISÉ ....

FOURNITURES NÉCESSAIRES ....

CROQUIS / PHOTO

NOTES COMPLÉMENTAIRES

....
....
....
....
....
....
....
....

Livre de bord
d'un projet de couture

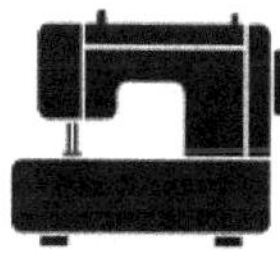

Livre de bord
d'un projet de couture

DÉTAILS

PROJET ....

CRÉÉ POUR ....

DATE DE DÉBUT .... **DATE D'ACHÈVEMENT** ....

POINT .... **QUANTITÉ** ....

PRIX .... **DÉPÔT PAYÉ** .... **DÉPÔT PAYÉ** ....

MOTIF UTILISÉ ....

FOURNITURES NÉCESSAIRES ....

CROQUIS / PHOTO

NOTES COMPLÉMENTAIRES

Carnet de couture pour garder une trace des projets de couture - cadeau idéal pour les amoureux de la couture

Carnet de couture pour garder une trace des projets de couture - cadeau idéal pour les amoureux de la couture

DÉTAILS

PROJET ....

CRÉÉ POUR ....

DATE DE DÉBUT .... DATE D'ACHÈVEMENT ....

POINT .... QUANTITÉ ....

PRIX .... DÉPÔT PAYÉ .... DÉPÔT PAYÉ ....

MOTIF UTILISÉ ....

FOURNITURES NÉCESSAIRES ....

CROQUIS / PHOTO

NOTES COMPLÉMENTAIRES

....
....
....
....
....
....
....
....

Livre de bord
d'un projet de couture

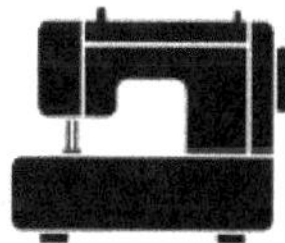

Livre de bord
d'un projet de couture

DÉTAILS

PROJET ....

CRÉÉ POUR ....

DATE DE DÉBUT .... DATE D'ACHÈVEMENT ....

POINT .... QUANTITÉ ....

PRIX .... DÉPÔT PAYÉ .... DÉPÔT PAYÉ ....

MOTIF UTILISÉ ....

FOURNITURES
NÉCESSAIRES ....

CROQUIS / PHOTO

NOTES COMPLÉMENTAIRES

Carnet de couture pour garder une trace des projets de couture -
cadeau idéal pour les amoureux de la couture

Carnet de couture pour garder une trace des projets de couture - cadeau idéal pour les amoureux de la couture

DÉTAILS

PROJET ....

CRÉÉ POUR ....

DATE DE DÉBUT .... DATE D'ACHÈVEMENT ....

POINT .... QUANTITÉ ....

PRIX .... DÉPÔT PAYÉ .... DÉPÔT PAYÉ ....

MOTIF UTILISÉ ....

FOURNITURES
NÉCESSAIRES ....

CROQUIS / PHOTO

NOTES COMPLÉMENTAIRES

....
....
....
....
....
....
....
....
....

Livre de bord
d'un projet de couture

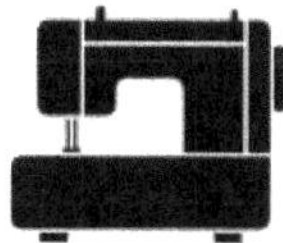

Livre de bord d'un projet de couture

DÉTAILS

PROJET ....

CRÉÉ POUR ....

DATE DE DÉBUT .... **DATE D'ACHÈVEMENT** ....

POINT .... **QUANTITÉ** ....

PRIX .... **DÉPÔT PAYÉ** .... **DÉPÔT PAYÉ** ....

MOTIF UTILISÉ ....

FOURNITURES NÉCESSAIRES ....

CROQUIS / PHOTO

NOTES COMPLÉMENTAIRES

Carnet de couture pour garder une trace des projets de couture - cadeau idéal pour les amoureux de la couture

Carnet de couture pour garder une trace des projets de couture - cadeau idéal pour les amoureux de la couture

DÉTAILS

PROJET ....

CRÉÉ POUR ....

DATE DE DÉBUT .... **DATE D'ACHÈVEMENT** ....

POINT .... **QUANTITÉ** ....

PRIX .... **DÉPÔT PAYÉ** .... **DÉPÔT PAYÉ** ....

MOTIF UTILISÉ ....

FOURNITURES NÉCESSAIRES ....

CROQUIS / PHOTO

NOTES COMPLÉMENTAIRES

....
....
....
....
....
....
....
....

Livre de bord
d'un projet de couture

Livre de bord
d'un projet de couture

DÉTAILS

PROJET ....

CRÉÉ POUR ....

DATE DE DÉBUT .... DATE D'ACHÈVEMENT ....

POINT .... QUANTITÉ ....

PRIX .... DÉPÔT PAYÉ .... DÉPÔT PAYÉ ....

MOTIF UTILISÉ ....

FOURNITURES
NÉCESSAIRES ....

CROQUIS / PHOTO

NOTES COMPLÉMENTAIRES

....
....
....
....
....
....
....

Carnet de couture pour garder une trace des projets de couture -
cadeau idéal pour les amoureux de la couture

DÉTAILS

PROJET ....

CRÉÉ POUR ....

DATE DE DÉBUT .... DATE D'ACHÈVEMENT ....

POINT .... QUANTITÉ ....

PRIX .... DÉPÔT PAYÉ .... DÉPÔT PAYÉ ....

MOTIF UTILISÉ ....

FOURNITURES
NÉCESSAIRES ....

CROQUIS / PHOTO

NOTES COMPLÉMENTAIRES

....
....
....
....
....
....
....
....

Livre de bord
d'un projet de couture

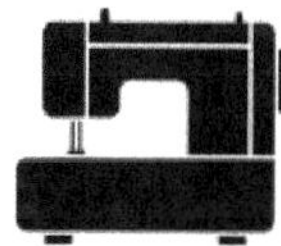

Livre de bord
d'un projet de couture

DÉTAILS

PROJET ....

CRÉÉ POUR ....

DATE DE DÉBUT .... **DATE D'ACHÈVEMENT** ....

POINT .... **QUANTITÉ** ....

PRIX .... **DÉPÔT PAYÉ** .... **DÉPÔT PAYÉ** ....

MOTIF UTILISÉ ....

FOURNITURES NÉCESSAIRES ....

CROQUIS / PHOTO

NOTES COMPLÉMENTAIRES

....
....
....
....
....
....
....

Carnet de couture pour garder une trace des projets de couture - cadeau idéal pour les amoureux de la couture

Carnet de couture pour garder une trace des projets de couture - cadeau idéal pour les amoureux de la couture

DÉTAILS

PROJET ....

CRÉÉ POUR ....

DATE DE DÉBUT .... **DATE D'ACHÈVEMENT** ....

POINT .... **QUANTITÉ** ....

PRIX .... **DÉPÔT PAYÉ** .... **DÉPÔT PAYÉ** ....

MOTIF UTILISÉ ....

FOURNITURES NÉCESSAIRES ....

CROQUIS / PHOTO

NOTES COMPLÉMENTAIRES

....
....
....
....
....
....
....
....
....

Livre de bord
d'un projet de couture

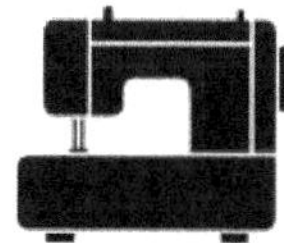

Livre de bord
d'un projet de couture

DÉTAILS

PROJET ....

CRÉÉ POUR ....

DATE DE DÉBUT .... DATE D'ACHÈVEMENT ....

POINT .... QUANTITÉ ....

PRIX .... DÉPÔT PAYÉ .... DÉPÔT PAYÉ ....

MOTIF UTILISÉ ....

FOURNITURES
NÉCESSAIRES ....

CROQUIS / PHOTO

NOTES COMPLÉMENTAIRES

Carnet de couture pour garder une trace des projets de couture -
cadeau idéal pour les amoureux de la couture

Carnet de couture pour garder une trace des projets de couture - cadeau idéal pour les amoureux de la couture

DÉTAILS

PROJET ....

CRÉÉ POUR ....

DATE DE DÉBUT .... **DATE D'ACHÈVEMENT** ....

POINT .... **QUANTITÉ** ....

PRIX .... **DÉPÔT PAYÉ** .... **DÉPÔT PAYÉ** ....

MOTIF UTILISÉ ....

FOURNITURES NÉCESSAIRES ....

CROQUIS / PHOTO

NOTES COMPLÉMENTAIRES

....
....
....
....
....
....
....
....

Livre de bord
d'un projet de couture

Livre de bord d'un projet de couture

DÉTAILS

PROJET ....

CRÉÉ POUR ....

DATE DE DÉBUT .... **DATE D'ACHÈVEMENT** ....

POINT .... **QUANTITÉ** ....

PRIX .... **DÉPÔT PAYÉ** .... **DÉPÔT PAYÉ** ....

MOTIF UTILISÉ ....

FOURNITURES NÉCESSAIRES ....

CROQUIS / PHOTO

NOTES COMPLÉMENTAIRES

....

....

....

....

....

....

....

Carnet de couture pour garder une trace des projets de couture - cadeau idéal pour les amoureux de la couture

Carnet de couture pour garder une trace des projets de couture - cadeau idéal pour les amoureux de la couture

DÉTAILS

PROJET ....

CRÉÉ POUR ....

DATE DE DÉBUT .... DATE D'ACHÈVEMENT ....

POINT .... QUANTITÉ ....

PRIX .... DÉPÔT PAYÉ   DÉPÔT PAYÉ ....

MOTIF UTILISÉ ....

FOURNITURES
NÉCESSAIRES ....

CROQUIS / PHOTO

NOTES COMPLÉMENTAIRES

....
....
....
....
....
....
....
....

Livre de bord
d'un projet de couture

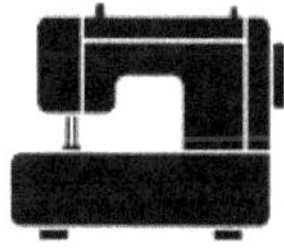

Livre de bord
d'un projet de couture

DÉTAILS

PROJET ....

CRÉÉ POUR ....

DATE DE DÉBUT .... DATE D'ACHÈVEMENT ....

POINT .... QUANTITÉ

PRIX .... DÉPÔT PAYÉ .... DÉPÔT PAYÉ ....

MOTIF UTILISÉ ....

FOURNITURES NÉCESSAIRES ....

CROQUIS / PHOTO

NOTES COMPLÉMENTAIRES

Carnet de couture pour garder une trace des projets de couture - cadeau idéal pour les amoureux de la couture

Carnet de couture pour garder une trace des projets de couture - cadeau idéal pour les amoureux de la couture

DÉTAILS

PROJET ....

CRÉÉ POUR ....

DATE DE DÉBUT .... **DATE D'ACHÈVEMENT** ....

POINT .... **QUANTITÉ** ....

PRIX .... **DÉPÔT PAYÉ** .... **DÉPÔT PAYÉ** ....

MOTIF UTILISÉ ....

FOURNITURES NÉCESSAIRES ....

CROQUIS / PHOTO

NOTES COMPLÉMENTAIRES

....
....
....
....
....
....
....
....

Livre de bord
d'un projet de couture

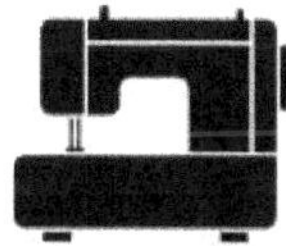

Livre de bord d'un projet de couture

DÉTAILS

PROJET ....

CRÉÉ POUR ....

DATE DE DÉBUT .... DATE D'ACHÈVEMENT ....

POINT .... QUANTITÉ ....

PRIX .... DÉPÔT PAYÉ .... DÉPÔT PAYÉ ....

MOTIF UTILISÉ ....

FOURNITURES NÉCESSAIRES ....

CROQUIS / PHOTO

NOTES COMPLÉMENTAIRES

....
....
....
....
....
....
....

Carnet de couture pour garder une trace des projets de couture - cadeau idéal pour les amoureux de la couture

Carnet de couture pour garder une trace des projets de couture - cadeau idéal pour les amoureux de la couture

DÉTAILS

PROJET ....

CRÉÉ POUR ....

DATE DE DÉBUT .... **DATE D'ACHÈVEMENT** ....

POINT .... **QUANTITÉ** ....

PRIX .... **DÉPÔT PAYÉ** .... **DÉPÔT PAYÉ** ....

MOTIF UTILISÉ ....

FOURNITURES NÉCESSAIRES ....

CROQUIS / PHOTO

NOTES COMPLÉMENTAIRES

....
....
....
....
....
....
....
....

Livre de bord d'un projet de couture

Livre de bord
d'un projet de couture

DÉTAILS

PROJET ....

CRÉÉ POUR ....

DATE DE DÉBUT .... **DATE D'ACHÈVEMENT** ....

POINT .... **QUANTITÉ** ....

PRIX .... **DÉPÔT PAYÉ** .... **DÉPÔT PAYÉ** ....

MOTIF UTILISÉ ....

FOURNITURES NÉCESSAIRES ....

CROQUIS / PHOTO

NOTES COMPLÉMENTAIRES

....

....

....

....

....

....

....

Carnet de couture pour garder une trace des projets de couture - cadeau idéal pour les amoureux de la couture

Carnet de couture pour garder une trace des projets de couture - cadeau idéal pour les amoureux de la couture

DÉTAILS

PROJET ....

CRÉÉ POUR ....

DATE DE DÉBUT .... **DATE D'ACHÈVEMENT** ....

POINT .... **QUANTITÉ** ....

PRIX .... **DÉPÔT PAYÉ** .... **DÉPÔT PAYÉ** ....

MOTIF UTILISÉ ....

FOURNITURES NÉCESSAIRES ....

CROQUIS / PHOTO

NOTES COMPLÉMENTAIRES

....
....
....
....
....
....
....
....

Livre de bord
d'un projet de couture

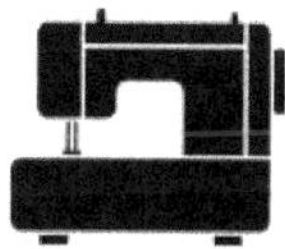

Livre de bord
d'un projet de couture

PROJET ....

CRÉÉ POUR ....

DATE DE DÉBUT .... DATE D'ACHÈVEMENT ....

POINT .... QUANTITÉ ....

PRIX .... DÉPÔT PAYÉ .... DÉPÔT PAYÉ ....

MOTIF UTILISÉ ....

FOURNITURES NÉCESSAIRES ....

Carnet de couture pour garder une trace des projets de couture - cadeau idéal pour les amoureux de la couture

Carnet de couture pour garder une trace des projets de couture - cadeau idéal pour les amoureux de la couture

DÉTAILS

PROJET ....

CRÉÉ POUR ....

DATE DE DÉBUT .... DATE D'ACHÈVEMENT ....

POINT .... QUANTITÉ ....

PRIX .... DÉPÔT PAYÉ .... DÉPÔT PAYÉ ....

MOTIF UTILISÉ ....

FOURNITURES
NÉCESSAIRES ....

CROQUIS / PHOTO

NOTES COMPLÉMENTAIRES

....
....
....
....
....
....
....
....

Livre de bord
d'un projet de couture

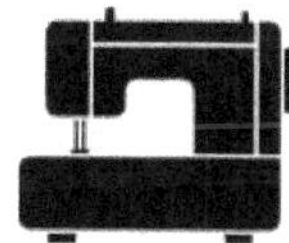

Livre de bord d'un projet de couture

DÉTAILS

PROJET ....

CRÉÉ POUR ....

DATE DE DÉBUT .... **DATE D'ACHÈVEMENT** ....

POINT .... **QUANTITÉ** ....

PRIX .... **DÉPÔT PAYÉ** .... **DÉPÔT PAYÉ** ....

MOTIF UTILISÉ ....

FOURNITURES NÉCESSAIRES ....

CROQUIS / PHOTO

NOTES COMPLÉMENTAIRES

....
....
....
....
....
....
....

Carnet de couture pour garder une trace des projets de couture - cadeau idéal pour les amoureux de la couture

Carnet de couture pour garder une trace des projets de couture - cadeau idéal pour les amoureux de la couture

DÉTAILS

PROJET ....

CRÉÉ POUR ....

DATE DE DÉBUT .... **DATE D'ACHÈVEMENT** ....

POINT .... **QUANTITÉ** ....

PRIX .... **DÉPÔT PAYÉ** .... **DÉPÔT PAYÉ** ....

MOTIF UTILISÉ ....

FOURNITURES NÉCESSAIRES ....

CROQUIS / PHOTO

NOTES COMPLÉMENTAIRES

....
....
....
....
....
....
....
....

Livre de bord
d'un projet de couture

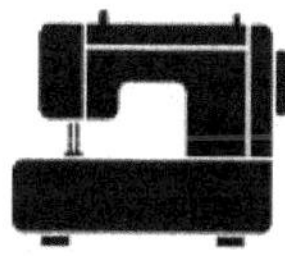

Livre de bord
d'un projet de couture 

PROJET ....

CRÉÉ POUR ....

DATE DE DÉBUT .... **DATE D'ACHÈVEMENT** ....

POINT .... **QUANTITÉ** ....

PRIX .... **DÉPÔT PAYÉ** .... **DÉPÔT PAYÉ** ....

MOTIF UTILISÉ ....

FOURNITURES NÉCESSAIRES ....

CROQUIS / PHOTO

NOTES COMPLÉMENTAIRES

....

....

....

....

....

....

....

Carnet de couture pour garder une trace des projets de couture - cadeau idéal pour les amoureux de la couture

Carnet de couture pour garder une trace des projets de couture - cadeau idéal pour les amoureux de la couture

DÉTAILS

PROJET ....

CRÉÉ POUR ....

DATE DE DÉBUT .... **DATE D'ACHÈVEMENT** ....

POINT .... **QUANTITÉ** ....

PRIX .... **DÉPÔT PAYÉ** .... **DÉPÔT PAYÉ** ....

MOTIF UTILISÉ ....

FOURNITURES NÉCESSAIRES ....

CROQUIS / PHOTO

NOTES COMPLÉMENTAIRES

....
....
....
....
....
....
....
....

Livre de bord
d'un projet de couture

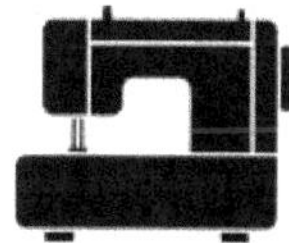

Livre de bord
d'un projet de couture

DÉTAILS

PROJET ....

CRÉÉ POUR ....

DATE DE DÉBUT .... DATE D'ACHÈVEMENT ....

POINT .... QUANTITÉ ....

PRIX .... DÉPÔT PAYÉ .... DÉPÔT PAYÉ ....

MOTIF UTILISÉ ....

FOURNITURES NÉCESSAIRES ....

CROQUIS / PHOTO

NOTES COMPLÉMENTAIRES

Carnet de couture pour garder une trace des projets de couture - cadeau idéal pour les amoureux de la couture

Carnet de couture pour garder une trace des projets de couture - cadeau idéal pour les amoureux de la couture

DÉTAILS

PROJET ....

CRÉÉ POUR ....

DATE DE DÉBUT .... **DATE D'ACHÈVEMENT** ....

POINT .... **QUANTITÉ** ....

PRIX .... **DÉPÔT PAYÉ** .... **DÉPÔT PAYÉ** ....

MOTIF UTILISÉ ....

FOURNITURES NÉCESSAIRES ....

CROQUIS / PHOTO

NOTES COMPLÉMENTAIRES

....
....
....
....
....
....
....
....

Livre de bord
d'un projet de couture

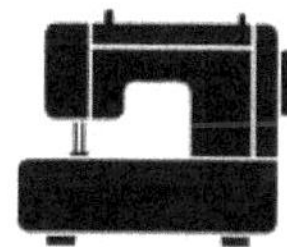

Livre de bord
d'un projet de couture

DÉTAILS

PROJET ....

CRÉÉ POUR ....

DATE DE DÉBUT .... **DATE D'ACHÈVEMENT** ....

POINT .... **QUANTITÉ** ....

PRIX .... **DÉPÔT PAYÉ** .... **DÉPÔT PAYÉ** ....

MOTIF UTILISÉ ....

FOURNITURES NÉCESSAIRES ....

CROQUIS / PHOTO

NOTES COMPLÉMENTAIRES

....
....
....
....
....
....
....

Carnet de couture pour garder une trace des projets de couture - cadeau idéal pour les amoureux de la couture

Carnet de couture pour garder une trace des projets de couture - cadeau idéal pour les amoureux de la couture

DÉTAILS

PROJET ....

CRÉÉ POUR ....

DATE DE DÉBUT .... **DATE D'ACHÈVEMENT** ....

POINT .... **QUANTITÉ** ....

PRIX .... **DÉPÔT PAYÉ** .... **DÉPÔT PAYÉ** ....

MOTIF UTILISÉ ....

FOURNITURES NÉCESSAIRES ....

CROQUIS / PHOTO

NOTES COMPLÉMENTAIRES

....
....
....
....
....
....
....
....

Livre de bord
d'un projet de couture

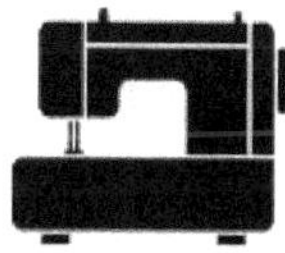

Livre de bord d'un projet de couture

DÉTAILS

PROJET ....

CRÉÉ POUR ....

DATE DE DÉBUT .... DATE D'ACHÈVEMENT ....

POINT .... QUANTITÉ ....

PRIX .... DÉPÔT PAYÉ .... DÉPÔT PAYÉ ....

MOTIF UTILISÉ ....

FOURNITURES NÉCESSAIRES ....

CROQUIS / PHOTO

NOTES COMPLÉMENTAIRES

Carnet de couture pour garder une trace des projets de couture - cadeau idéal pour les amoureux de la couture

Carnet de couture pour garder une trace des projets de couture - cadeau idéal pour les amoureux de la couture

DÉTAILS

PROJET ....

CRÉÉ POUR ....

DATE DE DÉBUT .... **DATE D'ACHÈVEMENT** ....

POINT .... **QUANTITÉ** ....

PRIX .... **DÉPÔT PAYÉ** .... **DÉPÔT PAYÉ** ....

MOTIF UTILISÉ ....

FOURNITURES NÉCESSAIRES ....

CROQUIS / PHOTO

NOTES COMPLÉMENTAIRES

....
....
....
....
....
....
....
....

Livre de bord
d'un projet de couture

Livre de bord
d'un projet de couture

DÉTAILS

PROJET ....

CRÉÉ POUR ....

DATE DE DÉBUT .... DATE D'ACHÈVEMENT ....

POINT .... QUANTITÉ ....

PRIX .... DÉPÔT PAYÉ .... DÉPÔT PAYÉ ....

MOTIF UTILISÉ ....

FOURNITURES NÉCESSAIRES ....

CROQUIS / PHOTO

NOTES COMPLÉMENTAIRES

....
....
....
....
....
....
....

Carnet de couture pour garder une trace des projets de couture - cadeau idéal pour les amoureux de la couture

Carnet de couture pour garder une trace des projets de couture - cadeau idéal pour les amoureux de la couture

DÉTAILS

PROJET ....

CRÉÉ POUR ....

DATE DE DÉBUT .... **DATE D'ACHÈVEMENT** ....

POINT .... **QUANTITÉ** ....

PRIX .... **DÉPÔT PAYÉ** .... **DÉPÔT PAYÉ** ....

MOTIF UTILISÉ ....

FOURNITURES NÉCESSAIRES ....

CROQUIS / PHOTO

NOTES COMPLÉMENTAIRES

....
....
....
....
....
....
....
....

Livre de bord
d'un projet de couture

Livre de bord d'un projet de couture

DÉTAILS

PROJET ....

CRÉÉ POUR ....

DATE DE DÉBUT .... **DATE D'ACHÈVEMENT** ....

POINT .... **QUANTITÉ** ....

PRIX .... **DÉPÔT PAYÉ** .... **DÉPÔT PAYÉ** ....

MOTIF UTILISÉ ....

FOURNITURES NÉCESSAIRES ....

CROQUIS / PHOTO

NOTES COMPLÉMENTAIRES

....
....
....
....
....
....
....

Carnet de couture pour garder une trace des projets de couture - cadeau idéal pour les amoureux de la couture

Carnet de couture pour garder une trace des projets de couture - cadeau idéal pour les amoureux de la couture

DÉTAILS

PROJET ....

CRÉÉ POUR ....

DATE DE DÉBUT .... **DATE D'ACHÈVEMENT** ....

POINT .... **QUANTITÉ** ....

PRIX .... **DÉPÔT PAYÉ** .... **DÉPÔT PAYÉ** ....

MOTIF UTILISÉ ....

FOURNITURES NÉCESSAIRES ....

CROQUIS / PHOTO

NOTES COMPLÉMENTAIRES

....
....
....
....
....
....
....
....

Livre de bord
d'un projet de couture

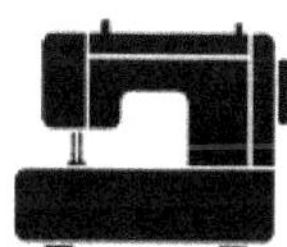

Livre de bord
d'un projet de couture

DÉTAILS

PROJET ....

CRÉÉ POUR ....

DATE DE DÉBUT .... **DATE D'ACHÈVEMENT** ....

POINT .... **QUANTITÉ** ....

PRIX .... **DÉPÔT PAYÉ** .... **DÉPÔT PAYÉ** ....

MOTIF UTILISÉ ....

FOURNITURES NÉCESSAIRES ....

CROQUIS / PHOTO

NOTES COMPLÉMENTAIRES

....
....
....
....
....
....
....

Carnet de couture pour garder une trace des projets de couture - cadeau idéal pour les amoureux de la couture

Carnet de couture pour garder une trace des projets de couture - cadeau idéal pour les amoureux de la couture

DÉTAILS

PROJET ....

CRÉÉ POUR ....

DATE DE DÉBUT .... DATE D'ACHÈVEMENT ....

POINT .... QUANTITÉ ....

PRIX .... DÉPÔT PAYÉ .... DÉPÔT PAYÉ ....

MOTIF UTILISÉ ....

FOURNITURES
NÉCESSAIRES ....

CROQUIS / PHOTO

NOTES COMPLÉMENTAIRES

Livre de bord
d'un projet de couture

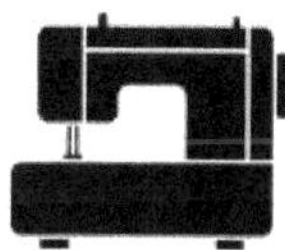

Livre de bord
d'un projet de couture

DÉTAILS

PROJET ....

CRÉÉ POUR ....

DATE DE DÉBUT .... DATE D'ACHÈVEMENT ....

POINT .... QUANTITÉ ....

PRIX .... DÉPÔT PAYÉ .... DÉPÔT PAYÉ ....

MOTIF UTILISÉ ....

FOURNITURES
NÉCESSAIRES ....

CROQUIS / PHOTO

NOTES COMPLÉMENTAIRES

....

....

....

....

....

....

....

Carnet de couture pour garder une trace des projets de couture -
cadeau idéal pour les amoureux de la couture

Carnet de couture pour garder une trace des projets de couture - cadeau idéal pour les amoureux de la couture

DÉTAILS

PROJET ....

CRÉÉ POUR ....

DATE DE DÉBUT .... DATE D'ACHÈVEMENT ....

POINT .... QUANTITÉ ....

PRIX .... DÉPÔT PAYÉ .... DÉPÔT PAYÉ ....

MOTIF UTILISÉ ....

FOURNITURES
NÉCESSAIRES ....

CROQUIS / PHOTO

NOTES COMPLÉMENTAIRES

....
....
....
....
....
....
....
....

Livre de bord
d'un projet de couture

Livre de bord d'un projet de couture

DÉTAILS

PROJET ....

CRÉÉ POUR ....

DATE DE DÉBUT .... DATE D'ACHÈVEMENT ....

POINT .... QUANTITÉ ....

PRIX .... DÉPÔT PAYÉ .... DÉPÔT PAYÉ ....

MOTIF UTILISÉ ....

FOURNITURES NÉCESSAIRES ....

CROQUIS / PHOTO

NOTES COMPLÉMENTAIRES

....
....
....
....
....
....
....
....

Carnet de couture pour garder une trace des projets de couture - cadeau idéal pour les amoureux de la couture

Carnet de couture pour garder une trace des projets de couture - cadeau idéal pour les amoureux de la couture

DÉTAILS

PROJET ....

CRÉÉ POUR ....

DATE DE DÉBUT .... **DATE D'ACHÈVEMENT** ....

POINT .... **QUANTITÉ** ....

PRIX .... **DÉPÔT PAYÉ** .... **DÉPÔT PAYÉ** ....

MOTIF UTILISÉ ....

FOURNITURES NÉCESSAIRES ....

CROQUIS / PHOTO

NOTES COMPLÉMENTAIRES

....
....
....
....
....
....
....
....

Livre de bord
d'un projet de couture

Livre de bord
d'un projet de couture

DÉTAILS

PROJET ....

CRÉÉ POUR ....

DATE DE DÉBUT .... **DATE D'ACHÈVEMENT** ....

POINT .... **QUANTITÉ** ....

PRIX .... **DÉPÔT PAYÉ** .... **DÉPÔT PAYÉ** ....

MOTIF UTILISÉ ....

FOURNITURES NÉCESSAIRES ....

CROQUIS / PHOTO

NOTES COMPLÉMENTAIRES

....
....
....
....
....
....
....

Carnet de couture pour garder une trace des projets de couture - cadeau idéal pour les amoureux de la couture

Carnet de couture pour garder une trace des projets de couture - cadeau idéal pour les amoureux de la couture

DÉTAILS

PROJET ....

CRÉÉ POUR ....

DATE DE DÉBUT .... **DATE D'ACHÈVEMENT** ....

POINT .... **QUANTITÉ** ....

PRIX .... **DÉPÔT PAYÉ** .... **DÉPÔT PAYÉ** ....

MOTIF UTILISÉ ....

FOURNITURES NÉCESSAIRES ....

CROQUIS / PHOTO

NOTES COMPLÉMENTAIRES

....
....
....
....
....
....
....
....

Livre de bord
d'un projet de couture

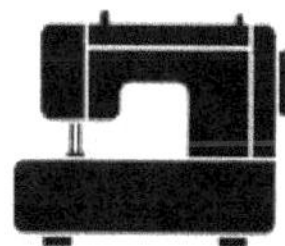

Livre de bord
d'un projet de couture

DÉTAILS

PROJET ....

CRÉÉ POUR ....

DATE DE DÉBUT .... **DATE D'ACHÈVEMENT** ....

POINT .... **QUANTITÉ** ....

PRIX .... **DÉPÔT PAYÉ** .... **DÉPÔT PAYÉ** ....

MOTIF UTILISÉ ....

FOURNITURES NÉCESSAIRES ....

CROQUIS / PHOTO

NOTES COMPLÉMENTAIRES

....
....
....
....
....
....
....

Carnet de couture pour garder une trace des projets de couture - cadeau idéal pour les amoureux de la couture

Carnet de couture pour garder une trace des projets de couture - cadeau idéal pour les amoureux de la couture

DÉTAILS

PROJET ....

CRÉÉ POUR ....

DATE DE DÉBUT .... DATE D'ACHÈVEMENT ....

POINT .... QUANTITÉ ....

PRIX .... DÉPÔT PAYÉ .... DÉPÔT PAYÉ ....

MOTIF UTILISÉ ....

FOURNITURES
NÉCESSAIRES ....

CROQUIS / PHOTO

NOTES COMPLÉMENTAIRES

....
....
....
....
....
....
....
....

Livre de bord
d'un projet de couture

Livre de bord
d'un projet de couture

DÉTAILS

PROJET ....

CRÉÉ POUR ....

DATE DE DÉBUT .... DATE D'ACHÈVEMENT ....

POINT .... QUANTITÉ ....

PRIX .... DÉPÔT PAYÉ .... DÉPÔT PAYÉ ....

MOTIF UTILISÉ ....

FOURNITURES
NÉCESSAIRES ....

CROQUIS / PHOTO

NOTES COMPLÉMENTAIRES

Carnet de couture pour garder une trace des projets de couture - cadeau idéal pour les amoureux de la couture

Carnet de couture pour garder une trace des projets de couture - cadeau idéal pour les amoureux de la couture

DÉTAILS

PROJET ....

CRÉÉ POUR ....

DATE DE DÉBUT .... DATE D'ACHÈVEMENT ....

POINT .... QUANTITÉ ....

PRIX .... DÉPÔT PAYÉ .... DÉPÔT PAYÉ ....

MOTIF UTILISÉ ....

FOURNITURES
NÉCESSAIRES ....

CROQUIS / PHOTO

NOTES COMPLÉMENTAIRES

....
....
....
....
....
....
....

Livre de bord
d'un projet de couture

Livre de bord
d'un projet de couture

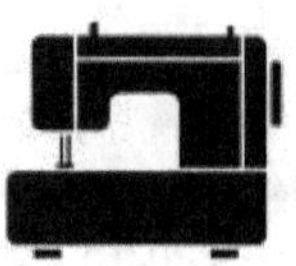

DÉTAILS

PROJET ....

CRÉÉ POUR ....

DATE DE DÉBUT .... **DATE D'ACHÈVEMENT** ....

POINT .... **QUANTITÉ** ....

PRIX .... **DÉPÔT PAYÉ** .... **DÉPÔT PAYÉ** ....

MOTIF UTILISÉ ....

FOURNITURES NÉCESSAIRES ....

CROQUIS / PHOTO

NOTES COMPLÉMENTAIRES

....
....
....
....
....
....
....

Carnet de couture pour garder une trace des projets de couture - cadeau idéal pour les amoureux de la couture

Carnet de couture pour garder une trace des projets de couture - cadeau idéal pour les amoureux de la couture

DÉTAILS

PROJET ....

CRÉÉ POUR ....

DATE DE DÉBUT .... **DATE D'ACHÈVEMENT** ....

POINT .... **QUANTITÉ** ....

PRIX .... **DÉPÔT PAYÉ** .... **DÉPÔT PAYÉ** ....

MOTIF UTILISÉ ....

FOURNITURES NÉCESSAIRES ....

CROQUIS / PHOTO

NOTES COMPLÉMENTAIRES

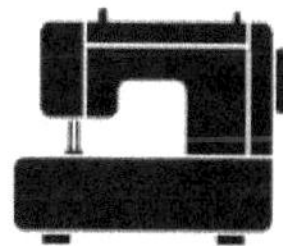

Livre de bord
d'un projet de couture

Livre de bord
d'un projet de couture

DÉTAILS

PROJET ....

CRÉÉ POUR ....

DATE DE DÉBUT .... **DATE D'ACHÈVEMENT** ....

POINT .... **QUANTITÉ** ....

PRIX .... **DÉPÔT PAYÉ** .... **DÉPÔT PAYÉ** ....

MOTIF UTILISÉ ....

FOURNITURES NÉCESSAIRES ....

CROQUIS / PHOTO

NOTES COMPLÉMENTAIRES

Carnet de couture pour garder une trace des projets de couture -
cadeau idéal pour les amoureux de la couture

Carnet de couture pour garder une trace des projets de couture - cadeau idéal pour les amoureux de la couture

DÉTAILS

PROJET ....

CRÉÉ POUR ....

DATE DE DÉBUT .... DATE D'ACHÈVEMENT ....

POINT .... QUANTITÉ ....

PRIX .... DÉPÔT PAYÉ .... DÉPÔT PAYÉ ....

MOTIF UTILISÉ ....

FOURNITURES
NÉCESSAIRES ....

CROQUIS / PHOTO

NOTES COMPLÉMENTAIRES

....
....
....
....
....
....
....
....

Livre de bord
d'un projet de couture

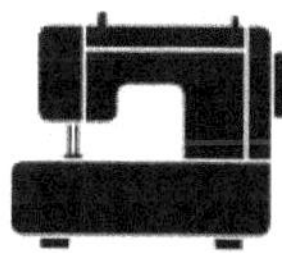

Livre de bord
d'un projet de couture

PROJET ....

CRÉÉ POUR ....

DATE DE DÉBUT .... DATE D'ACHÈVEMENT ....

POINT .... QUANTITÉ ....

PRIX .... DÉPÔT PAYÉ .... DÉPÔT PAYÉ ....

MOTIF UTILISÉ ....

FOURNITURES NÉCESSAIRES ....

CROQUIS / PHOTO

NOTES COMPLÉMENTAIRES

Carnet de couture pour garder une trace des projets de couture - cadeau idéal pour les amoureux de la couture

Carnet de couture pour garder une trace des projets de couture - cadeau idéal pour les amoureux de la couture

DÉTAILS

PROJET ....

CRÉÉ POUR ....

DATE DE DÉBUT .... **DATE D'ACHÈVEMENT** ....

POINT .... **QUANTITÉ** ....

PRIX .... **DÉPÔT PAYÉ** .... **DÉPÔT PAYÉ** ....

MOTIF UTILISÉ ....

FOURNITURES NÉCESSAIRES ....

CROQUIS / PHOTO

NOTES COMPLÉMENTAIRES

....
....
....
....
....
....
....
....

Livre de bord
d'un projet de couture

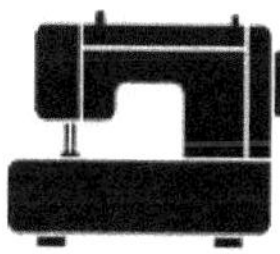

Livre de bord
d'un projet de couture

DÉTAILS

PROJET ....

CRÉÉ POUR ....

DATE DE DÉBUT .... DATE D'ACHÈVEMENT ....

POINT .... QUANTITÉ ....

PRIX .... DÉPÔT PAYÉ .... DÉPÔT PAYÉ ....

MOTIF UTILISÉ ....

FOURNITURES
NÉCESSAIRES ....

CROQUIS / PHOTO

NOTES COMPLÉMENTAIRES

....
....
....
....
....
....

Carnet de couture pour garder une trace des projets de couture - cadeau idéal pour les amoureux de la couture

Carnet de couture pour garder une trace des projets de couture - cadeau idéal pour les amoureux de la couture

DÉTAILS

PROJET ....

CRÉÉ POUR ....

DATE DE DÉBUT .... **DATE D'ACHÈVEMENT** ....

POINT .... **QUANTITÉ** ....

PRIX .... **DÉPÔT PAYÉ** .... **DÉPÔT PAYÉ** ....

MOTIF UTILISÉ ....

FOURNITURES NÉCESSAIRES ....

CROQUIS / PHOTO

NOTES COMPLÉMENTAIRES

Livre de bord
d'un projet de couture

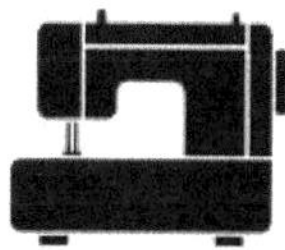

Livre de bord d'un projet de couture

DÉTAILS

PROJET ....

CRÉÉ POUR ....

DATE DE DÉBUT .... **DATE D'ACHÈVEMENT** ....

POINT .... **QUANTITÉ** ....

PRIX .... **DÉPÔT PAYÉ** .... **DÉPÔT PAYÉ** ....

MOTIF UTILISÉ ....

FOURNITURES NÉCESSAIRES ....

CROQUIS / PHOTO

NOTES COMPLÉMENTAIRES

Carnet de couture pour garder une trace des projets de couture - cadeau idéal pour les amoureux de la couture

Carnet de couture pour garder une trace des projets de couture - cadeau idéal pour les amoureux de la couture

DÉTAILS

PROJET ....

CRÉÉ POUR ....

DATE DE DÉBUT .... **DATE D'ACHÈVEMENT** ....

POINT .... **QUANTITÉ** ....

PRIX .... **DÉPÔT PAYÉ** .... **DÉPÔT PAYÉ** ....

MOTIF UTILISÉ ....

FOURNITURES NÉCESSAIRES ....

CROQUIS / PHOTO

NOTES COMPLÉMENTAIRES

....
....
....
....
....
....
....
....

Livre de bord
d'un projet de couture

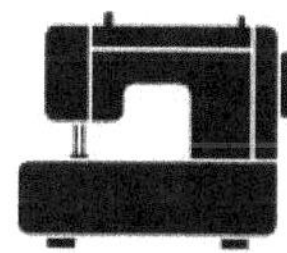